MW01598749

Mehr Kleine Freunde

VICKY CEELEN

Mehr Kleine Freunde

KNESEBECK

Zwei Freunde
müssen sich im Herzen ähneln ...

... in allem anderen
können sie grundverschieden sein.

SULLY PRUDHOMME

Mehr

Ein wahrer Freund ist immer ein Freund.

GEORGE MACDONALD

kleine Freunde

Mehr

Freundschaft ist die Verbindung der Seelen.

VOLTAIRE

kleine Freunde

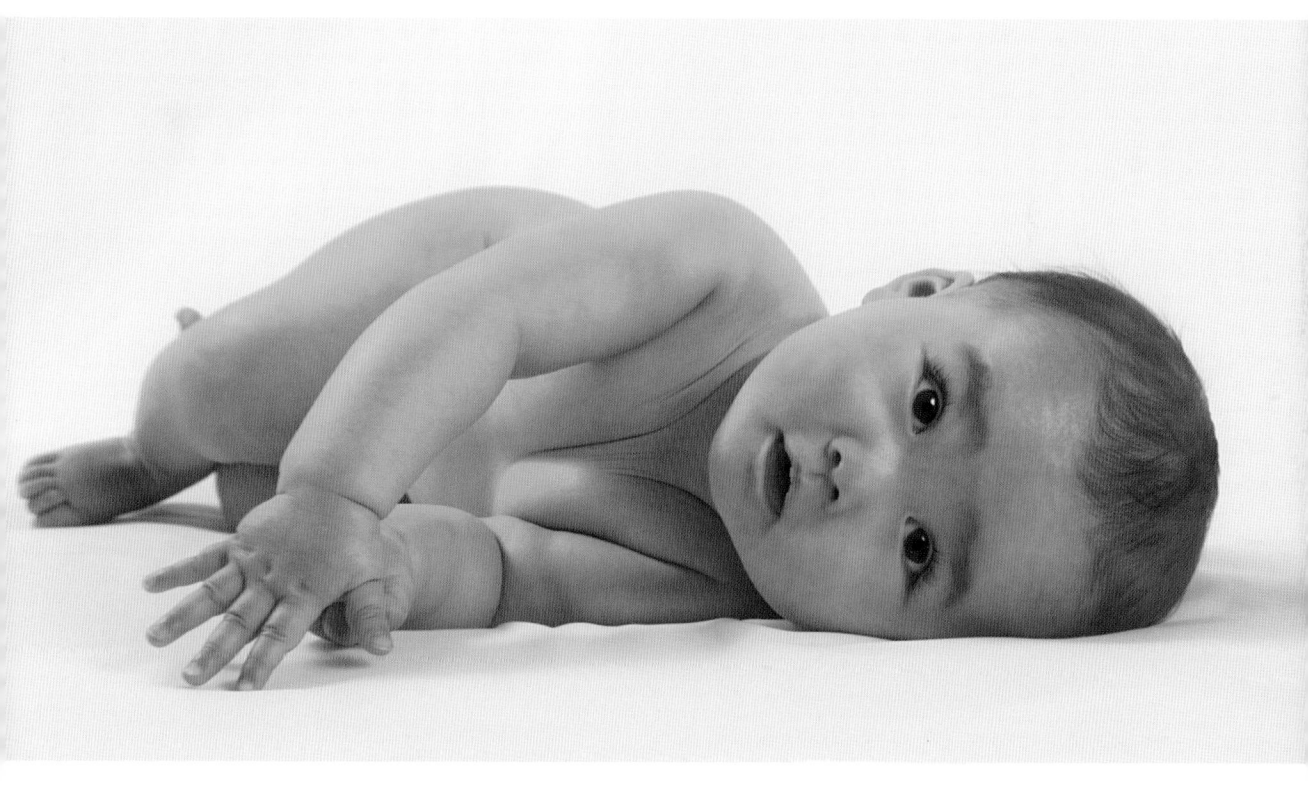

Mehr

Unsere äußeren
Schicksale interessieren
die Menschen, die inneren
nur den Freund.

HEINRICH VON KLEIST

kleine Freunde

Mehr

Der wahre Freund ist der,

von dem man

ohne Worte verstanden wird.

FLÄMISCHES SPRICHWORT

kleine Freunde

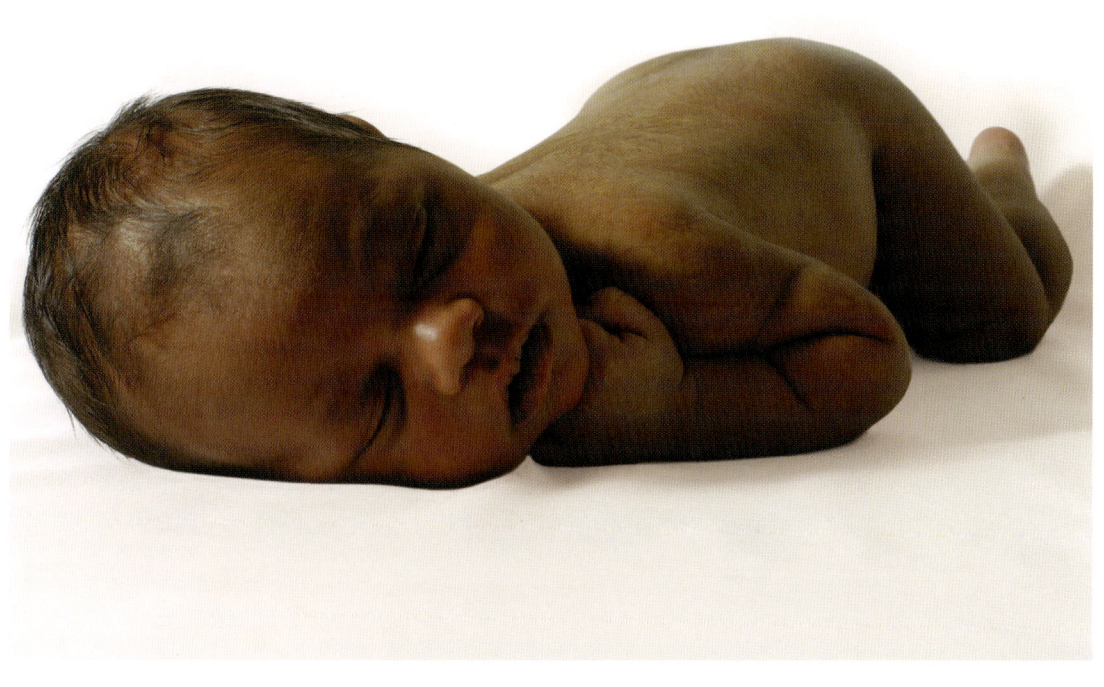

Mehr

Ein Freund
ist gleichsam ein anderes Ich.

CICERO

kleine Freunde

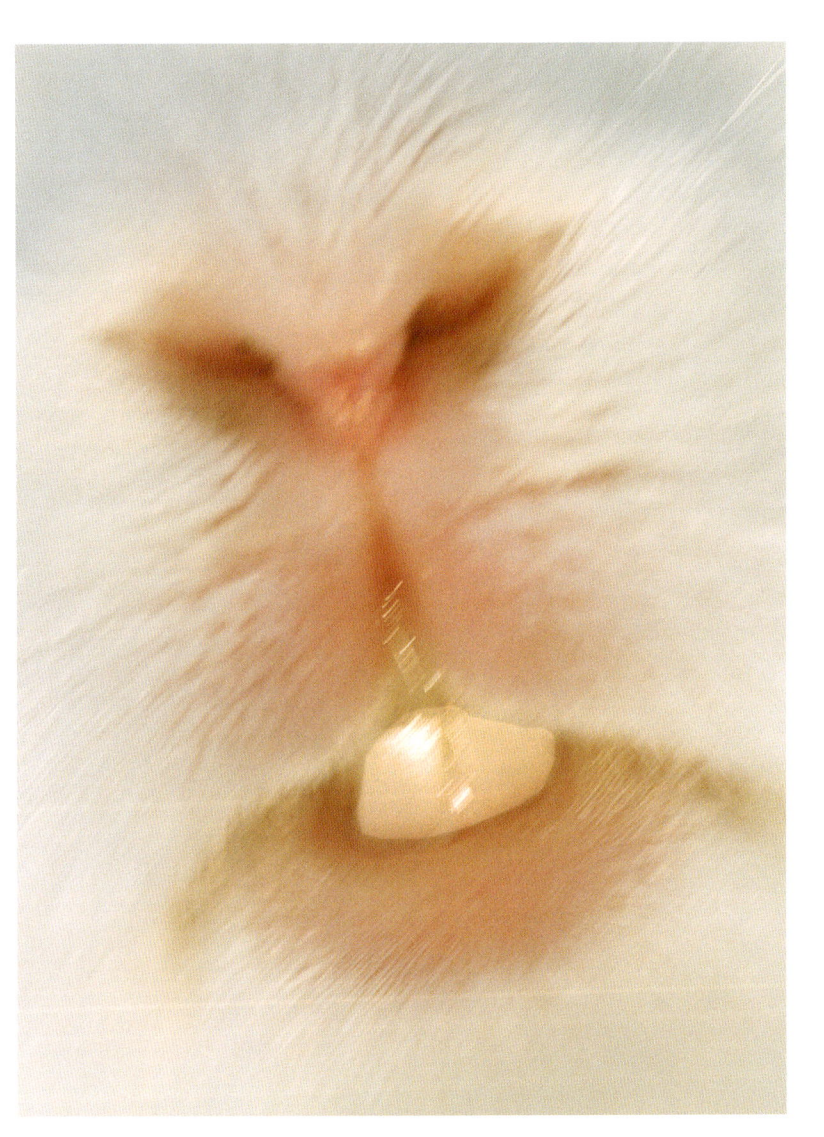

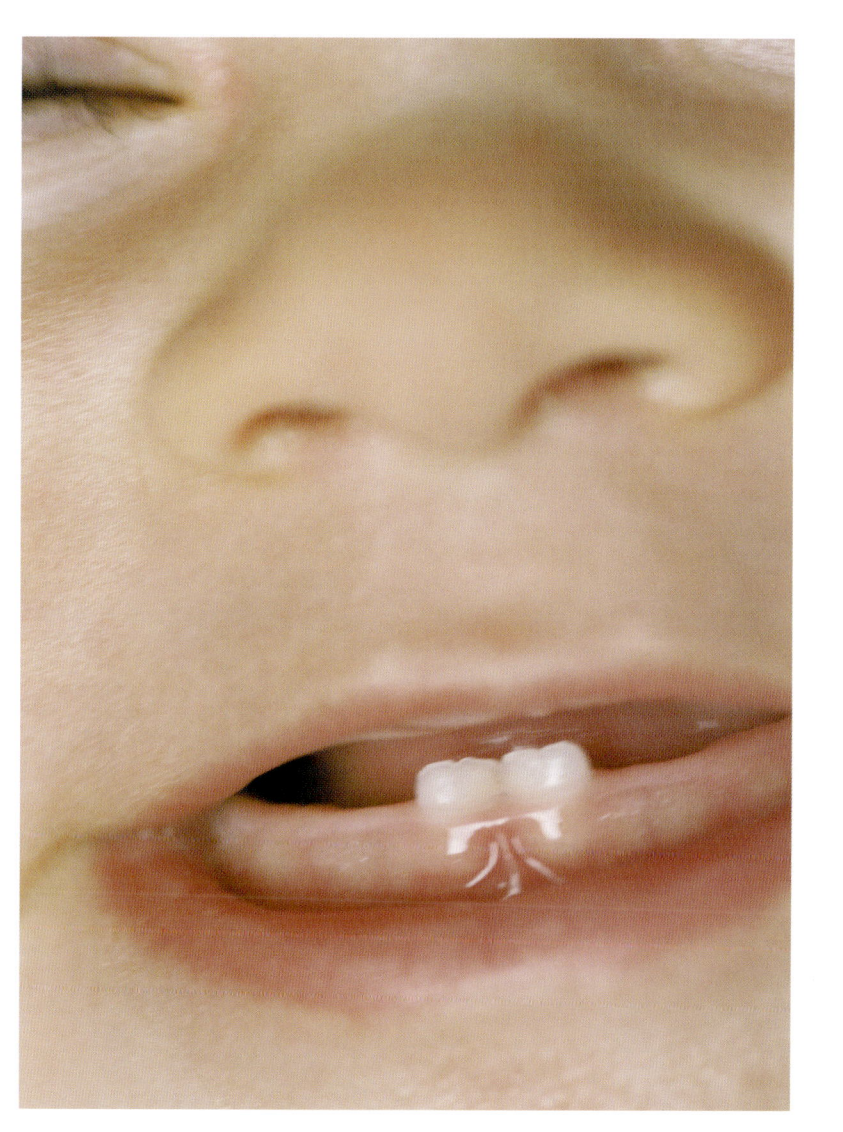

Mehr

Keine Straße ist lang
mit einem Freund an der Seite.

JAPANISCHES SPRICHWORT

kleine Freunde

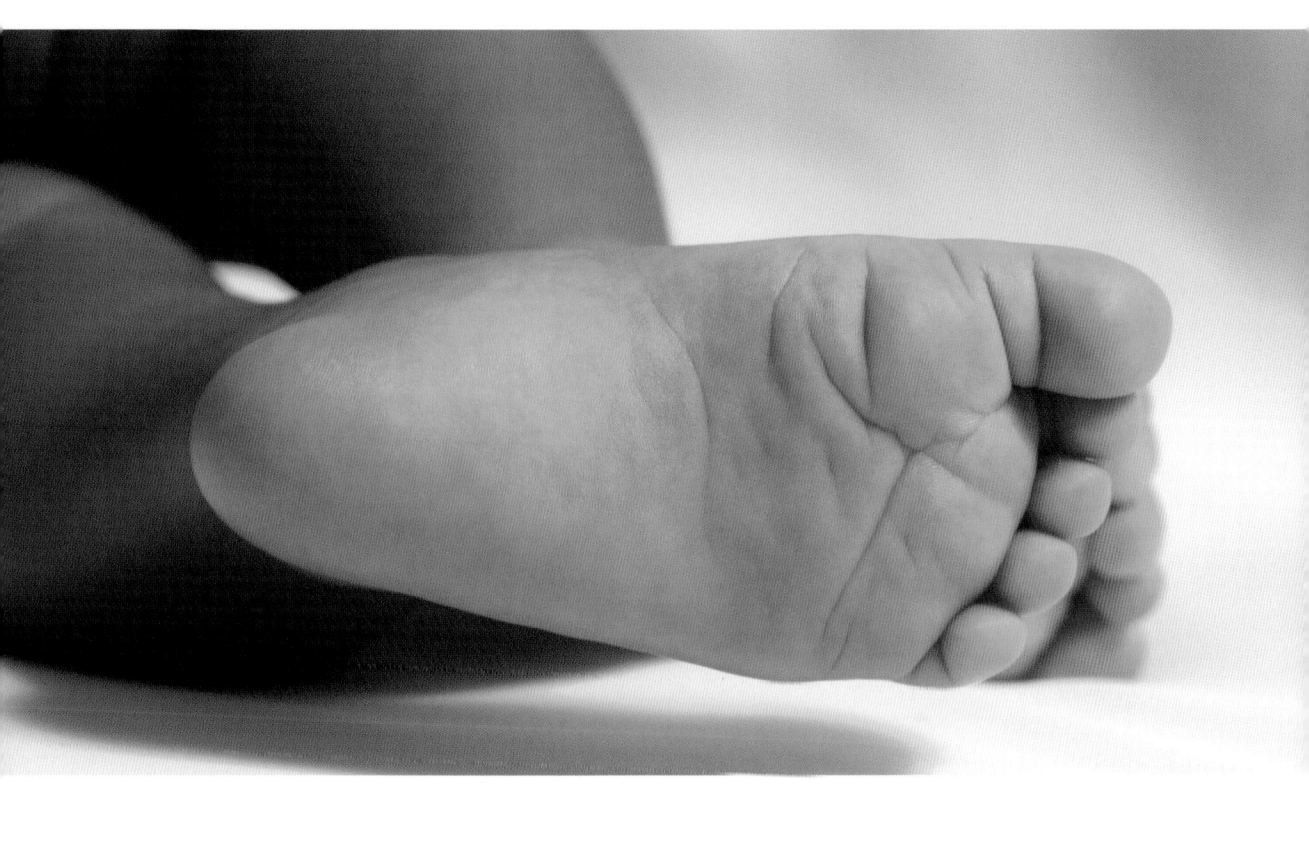

Mehr

Ein Freund kann durchaus
als Meisterwerk der Natur gelten.

RALPH WALDO EMERSON

kleine Freunde

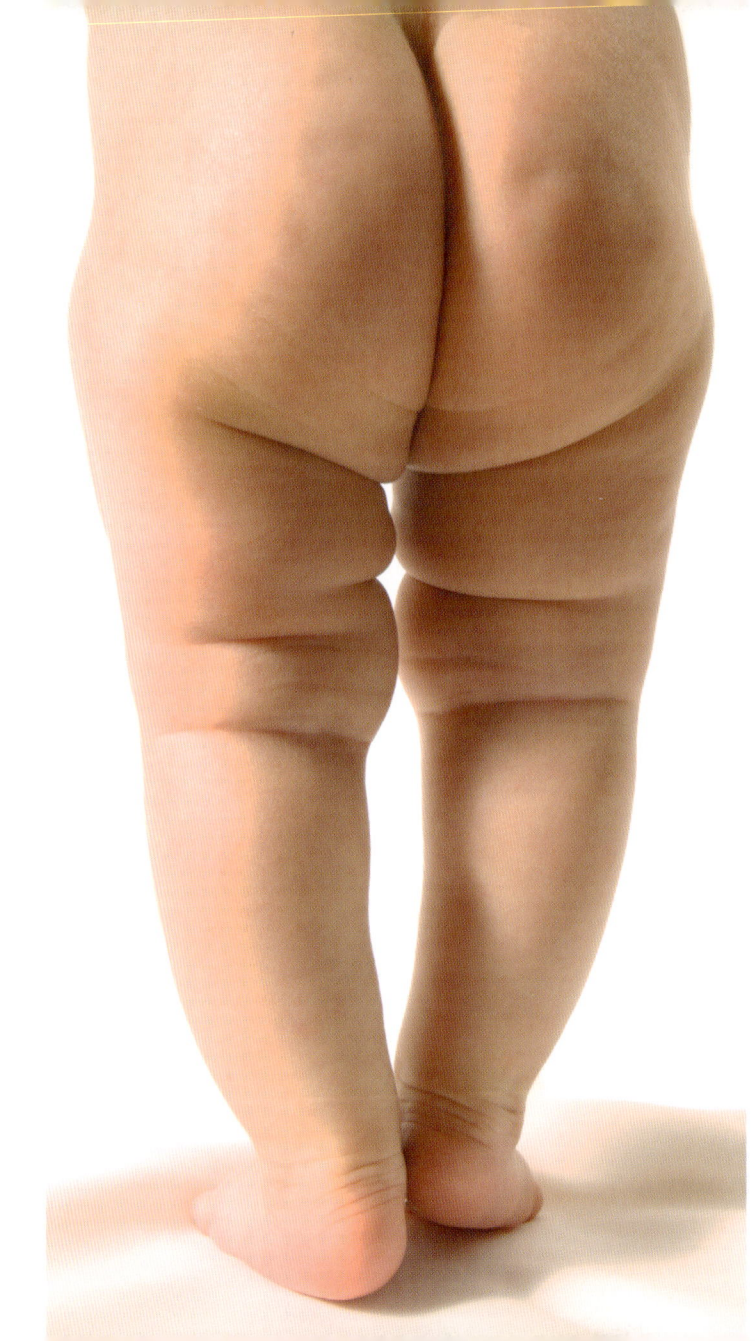

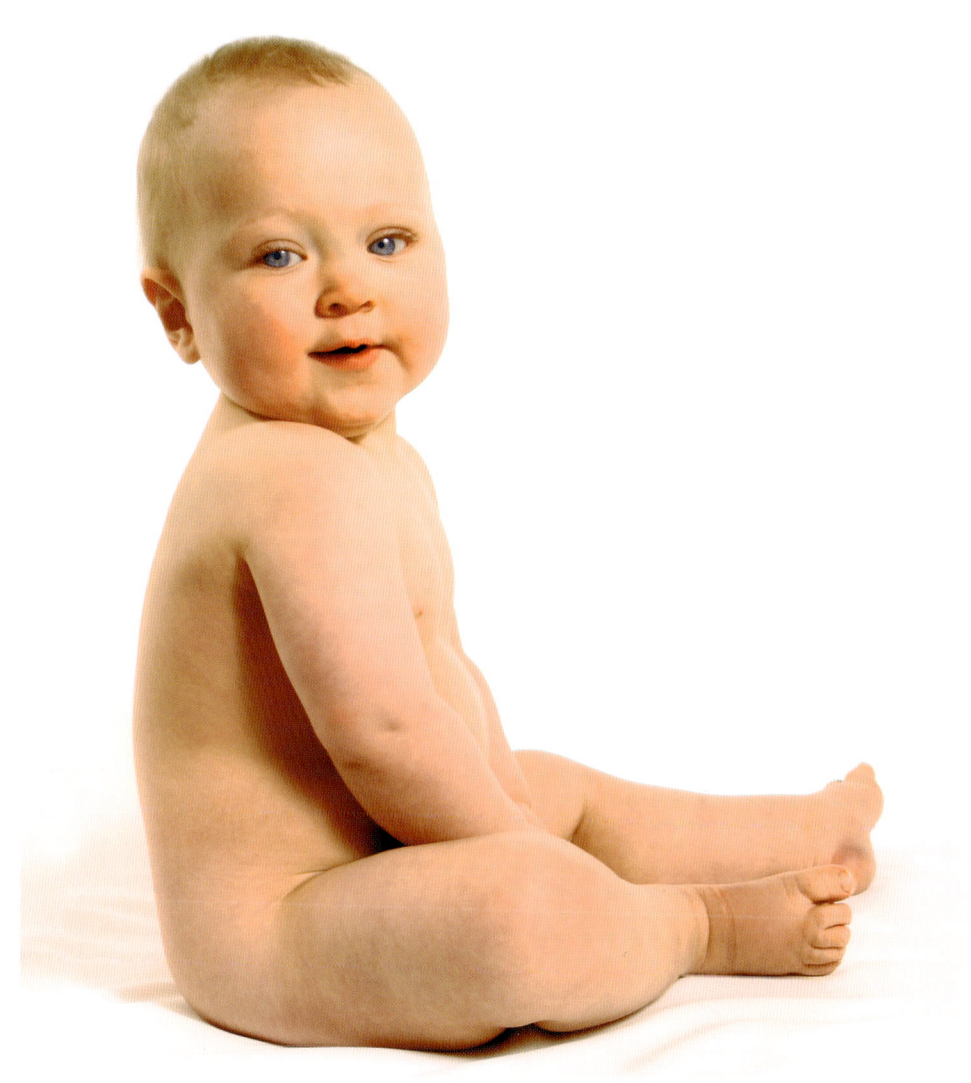

Mehr

Freundschaft
verdoppelt unsere Freude
und halbiert unser Leid.

CICERO

kleine Freunde

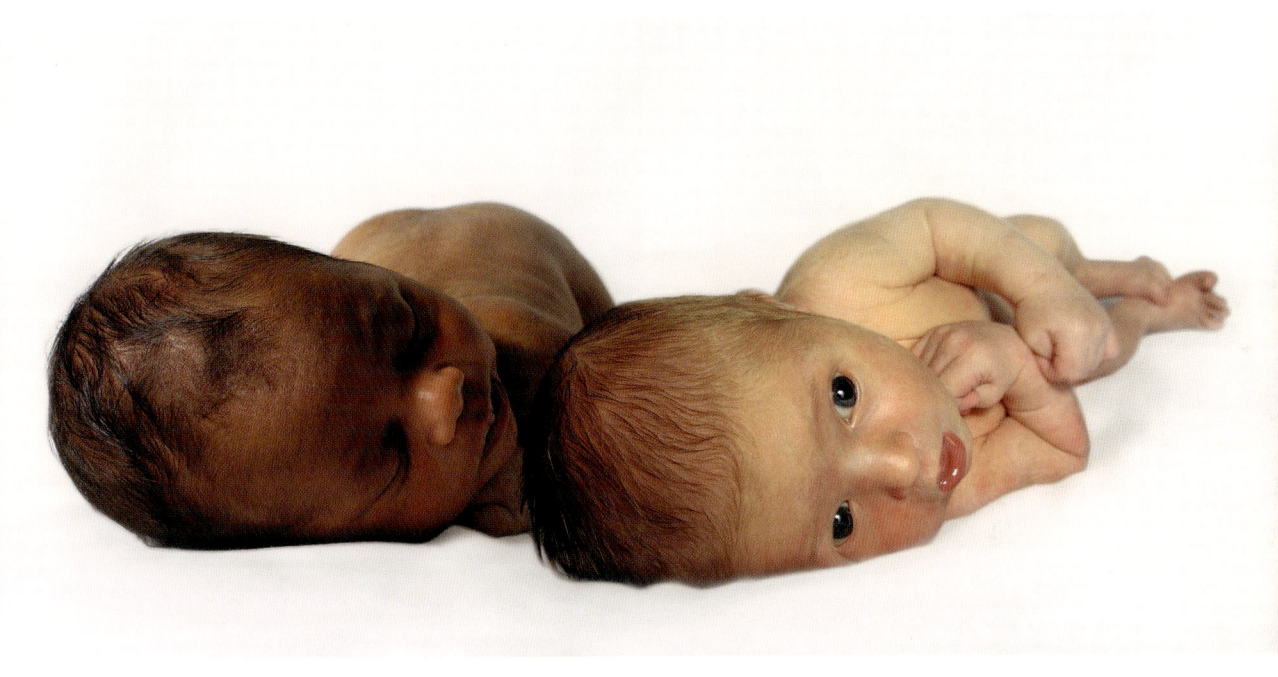

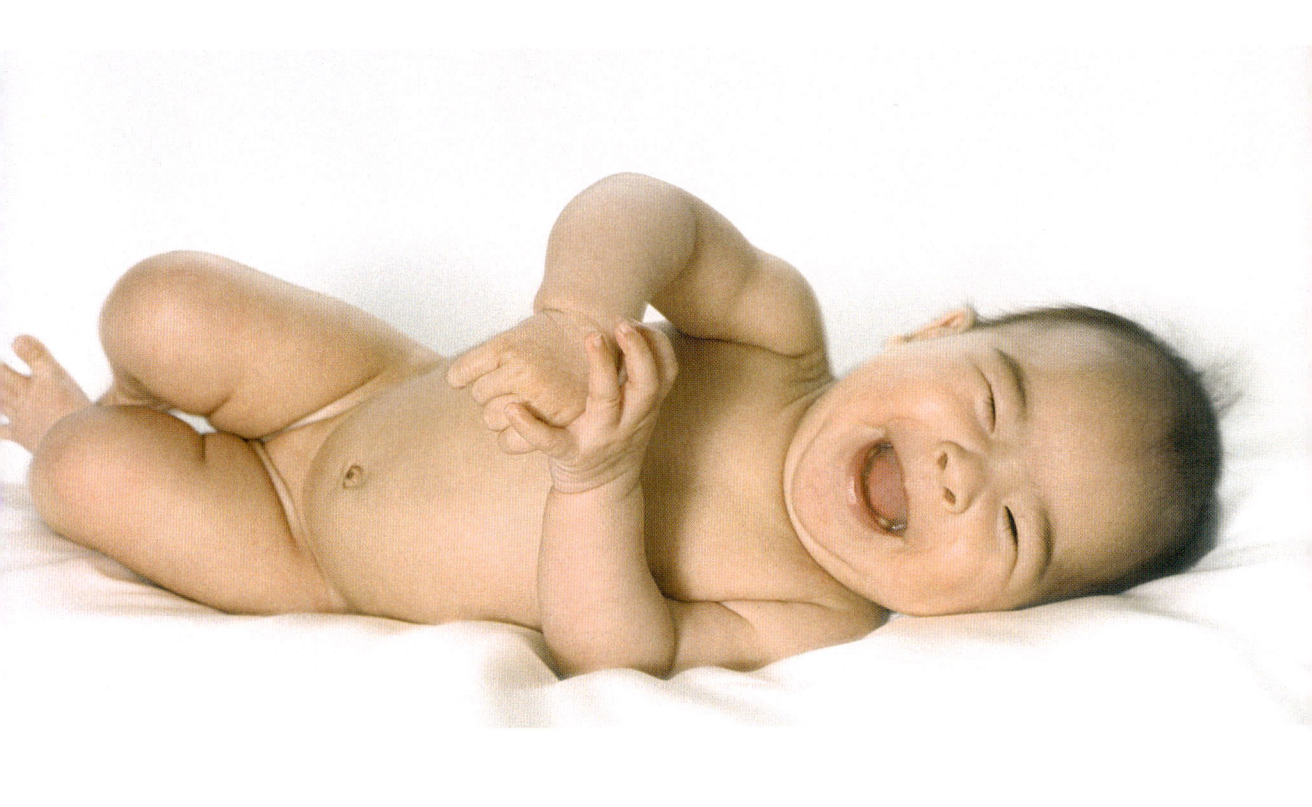

Freunde wie wir ...

.. bleiben für immer zusammen!

Vicky
Ceelen

Vicky Ceelen wurde in einem kleinen Ort in der Nähe von Antwerpen geboren. Sie interessierte sich bereits früh für die Fotografie. In den 1980er Jahren arbeitete sie als Mode- und Werbefotografin für internationale Zeitschriften wie *Vogue, Elle* und *GQ*. Im Knesebeck Verlag sind von ihr bereits *Kleine Freunde* (2003), *Gute Freunde* (2004) und *Mein Babyalbum* (2005) erschienen.

Bibliografische Information Der Deutschen Bibliothek
Die Deutsche Bibliothek verzeichnet diese Publikation in der Deutschen
Nationalbibliografie; detaillierte bibliografische Daten sind im Internet über
http://dnb.ddb.de abrufbar.

Titel der Originalausgabe: *Friends Like Us*
Erschienen bei PQ Blackwell, einem Imprint von PQ Publishers Limited,
116 Symonds Street, Auckland, Neuseeland, 2006
Copyright © 2006 Vicky Ceelen

Deutsche Erstausgabe
Copyright © 2006 von dem Knesebeck GmbH & Co. Verlags KG, München
Ein Unternehmen der La Martinière Groupe

Satz: satz & repro Grieb, München
Druck: Midas Printing International Ltd
Printed in China

ISBN-13: 978-3-89660-341-8
ISBN-10: 3-89660-341-8

Alle Rechte, insbesondere das Recht der Vervielfältigung und
Verbreitung, vorbehalten. Kein Teil des Werkes darf in irgendeiner Form
(durch Fotokopie, Mikrofilm oder ein anderes Verfahren) ohne schriftliche
Genehmigung des Verlags reproduziert oder unter Verwendung elektronischer
Systeme verarbeitet, vervielfältigt oder verbreitet werden.

www.knesebeck-verlag.de